足迹

深圳地铁7号线建设光影纪实

深圳市地铁集团有限公司　中电建南方建设投资有限公司　编

人民交通出版社股份有限公司
China Communications Press Co., Ltd.

图书在版编目(CIP)数据

足迹:深圳地铁7号线建设光影纪实/深圳市地铁集团有限公司,中电建南方建设投资有限公司编.—北京:人民交通出版社股份有限公司,2017.7
ISBN 978-7-114-13805-8

Ⅰ.①足… Ⅱ.①深… ②中… Ⅲ.①地下铁道-铁路工程-建设-概况-深圳 Ⅳ.①U231

中国版本图书馆CIP数据核字(2017)第100183号

Zuji Shenzhen Ditie Qihaoxian Jianshe Guangying Jishi

书　名:	足迹:深圳地铁7号线建设光影纪实
著　作　者:	深圳市地铁集团有限公司　中电建南方建设投资有限公司
责任编辑:	刘彩云
出版发行:	人民交通出版社股份有限公司
地　址:	(100011)北京市朝阳区安定门外外馆斜街3号
网　址:	http://www.ccpress.com.cn
销售电话:	(010) 59757973
总 经 销:	人民交通出版社股份有限公司发行部
经　销:	各地新华书店
印　刷:	北京盛通印刷股份有限公司
开　本:	889×1194　1/12
印　张:	16.25
版　次:	2017年7月　第1版
印　次:	2017年7月　第1次印刷
书　号:	ISBN 978-7-114-13805-8
定　价:	227.00元

(有印刷、装订质量问题的图书由本公司负责调换)

> > >前言

日往月来，物换星移，四年多来，深圳地铁7号线走过了一段不寻常的建设历程：曲折与困惑，艰辛与奋进，汗水与笑容……这一切汇成了耐人寻味的建设故事，或喜悦，或激动，或沉思，或奋进，一张张熟悉的面孔，一幅幅斗志昂扬的画面，铸成了深圳地铁7号线的辉煌光影，永载深圳城市轨道交通发展史册。

深圳，中国改革开放引领之城，创造出了"深圳速度""深圳奇迹"等一个又一个响当当的代名词。如今，随着历史车轮的不断向前推进，深圳正以全新的精神面貌迎接新的挑战，"深圳质量""品质交通""创新驱动发展""争当四个全面排头兵"等一个个更响亮的声音正在发声，而深圳地铁7号线，正以其独有的方式，深刻诠释工匠精神，全面融贯"建地铁就是建城市"的建设理念，在传统与创新中不断实现新的突破，为提升深圳城市品质而努力前行。

深圳地铁7号线，是深圳市地铁集团有限公司与中国电力建设股份有限公司携手打造的深圳城市轨道交通新名片，其高水平的提前建成通车，得到了众多关注和好评。作为横跨深圳市南山、福田、罗湖三大中心区的重要地铁线路，深圳地铁7号线承担着加强深圳各组团交流，带动沿线社会、经济腾飞的重任，更肩负着为沿线百万市民提供更舒适、便捷的地铁出行选择的伟大使命，缤纷生活梦油然而生。

四年多的建设历程中，深圳地铁7号线得到了深圳市各界的广泛理解与支持，凝聚着广大市民与万千地铁建设者的智慧和汗水。因其为广大市民提供了更加快捷的出行方式，深圳地铁7号线也被外界盛赞为深圳地铁的"胜利之线"。

本画册取名《足迹》，正是依托1400多个日夜的建设历程，以简明扼要的文字道明深圳地铁7号线的亮点与特点，通过一张张重点突出的照片，全面展示深圳地铁7号线在质量管理、安全管控、文明施工、进度履约、项目文化等方面取得的不俗成绩。同时，通过展示建设历程的珍贵照片，既是对全体参建人员的致敬，也更容易引起读者的共鸣，使建设中的重要场景尽呈读者眼前，增强了本画册的可读性与收藏价值。

一条线路，融汇八方力量；
一段历程，见证共同付出；
一项精品，回馈彼此信任！
随着深圳城市轨道交通的健康快速发展，一张前程似锦的宏伟蓝图已在南海之滨铺开。
未来，广大深圳地铁建设者将不忘初心，继续前进，以"深圳创造"向世界奉送更多精品。

> > >> 目录

| 01~09 | 10~17 | 18~37 | 38~53 |

开篇 开通盛典

第一篇 扬帆起航

第二篇 领导关怀

第三篇 工匠精神

54～93　　　　　　94～103　　　　　　104～173　　　　　　174～187

第四篇　攻坚克难

第五篇　和衷共济

第六篇　硕果累累

第七篇　四方之志

时任深圳市委书记马兴瑞、时任深圳市长许勤等出席深圳地铁7号线开通仪式

深圳市委市政府、深圳市地铁集团有限公司、中国电力建设股份有限公司主要领导共同启动深圳地铁7号线开通钥匙

开篇 FOREWORD

时任深圳市委书记马兴瑞、时任深圳市长许勤在深圳地铁7号线线路图前驻足指导

时任深圳市委书记马兴瑞(左二)、时任深圳市长许勤(左三)试乘深圳地铁7号线

开篇 FOREWORD

深圳市地铁集团有限公司董事长林茂德（右二）、总经理肖民（右四）等在回顾深圳地铁7号线建设历程

开通试运营仪式现场

>> >>> > 开篇
FOREWORD
>> > >>

市民乘坐深圳地铁7号线

＞　＞　＞第一篇

1.1 深圳地铁7号线线路示意图

深圳地铁7号线于2012年10月23日正式开工，2016年10月28日正式开通试运营，较合同工期提前两个月，是深圳乃至全国地铁建设史上的又一丰碑。

第一篇
FIRST CHAPTER

深圳地铁7号线由中国电力建设股份有限公司以BT模式承建。线路西起南山区西丽湖站，东至罗湖区太安站，全长约30.173km，途经南山、福田、罗湖三个行政区，是深圳地铁三期工程的重大项目之一。

项目主要包括28座地下车站和27个区间土建，轨道、安装装修、系统工程，以及新建体育北主变电所、深云车辆段及安托山停车场、深圳市轨道交通网络控制运营中心（NOCC）等工程，具有工程规模大、场地狭窄、施工难度大、环境复杂、危险源多、要求高、地质条件复杂等七大难题。

1.2 结缘7号线

深圳地铁7号线签约仪式

开工仪式

＞　＞　＞第二篇

领导关怀

时任深圳市委书记马兴瑞（右三）到深云车辆段调研

时任深圳市长许勤（左三）到华强北片区调研地铁建设情况

深圳市常务副市长张虎（左三）听取NOCC建设情况汇报

深圳市委常委、组织部长郑轲（左三）检查7号线开通试运营准备情况

深圳市委常委杨洪(左二)在华强北检查安全生产工作

第二篇
SECORD CHAPTER

深圳市委常委刘庆生（左二）在华强北检查工作

深圳市轨道交通建设指挥部副总指挥赵鹏林(左二)在安托山停车场检查工作

深圳市轨道办主任李福民(前排中间)检查安托山停车场立柱施工情况

深圳市轨道办副主任陈强（前排中间）在NOCC检查工作

深圳市轨道办副主任杨青（右一）检查安全生产工作

深圳市地铁集团有限公司董事长林茂德(右二)在深云车辆段检查工作

深圳市地铁集团有限公司总经理肖民(前排左二)在石厦站检查站后工程推进情况

深圳市地铁集团有限公司党委副书记、纪委书记、工会主席李笑竹(左二)慰问一线建设者

深圳市地铁集团有限公司副总经理黄力平(左二)在工地一线检查指导

深圳市地铁集团有限公司总工程师陈湘生(右一)在现场研究施工方案

中国电力建设股份有限公司董事长晏志勇（左三）在安托山停车场调研

中国电力建设股份有限公司总经理孙洪水（前排左一）在中电建南方建设投资有限公司董事长范富国（前排左二）的陪同下到深云车辆段检查铺轨情况

时任中国电力建设股份有限公司董事长范集湘（右三）检查矿山法施工情况

> > >第三篇

开仓换刀

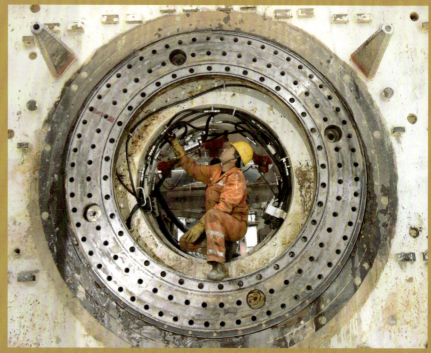
刀盘检修

切割作业

第三篇 足迹
THIRD CHAPTER

盾构配线器检查

第三篇
THIRD CHAPTER

轨道焊接

信号设备调试

接触网

车站测量

轨道几何尺寸测量

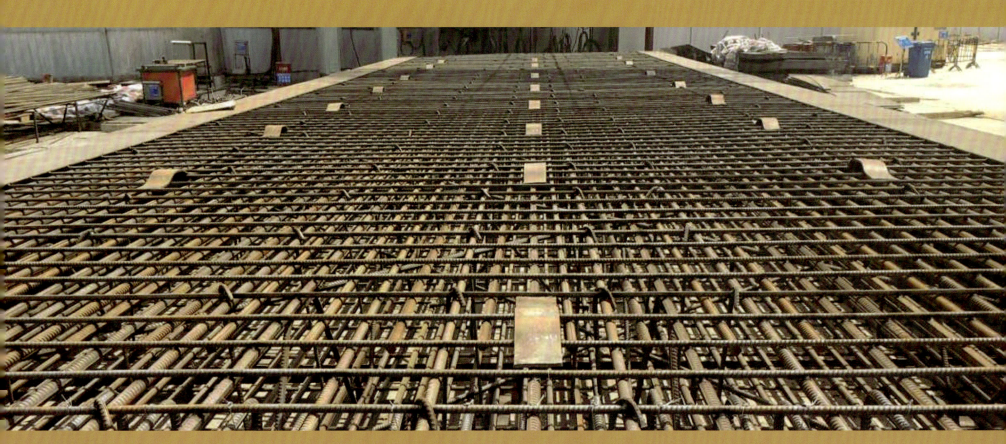

成型的地连墙钢筋笼

NOCC消防泵房

矿山法光面爆破效果

地连墙基面处理

安托山停车场混凝土立柱

安托山停车场坡面防护工程

恢宏的立柱施工现场

车站格构柱切割

皇岗口岸站清水混凝土

第三篇 足迹
THIRD CHAPTER

深云车辆段B线路矿山法二次衬砌

深云车辆段风管

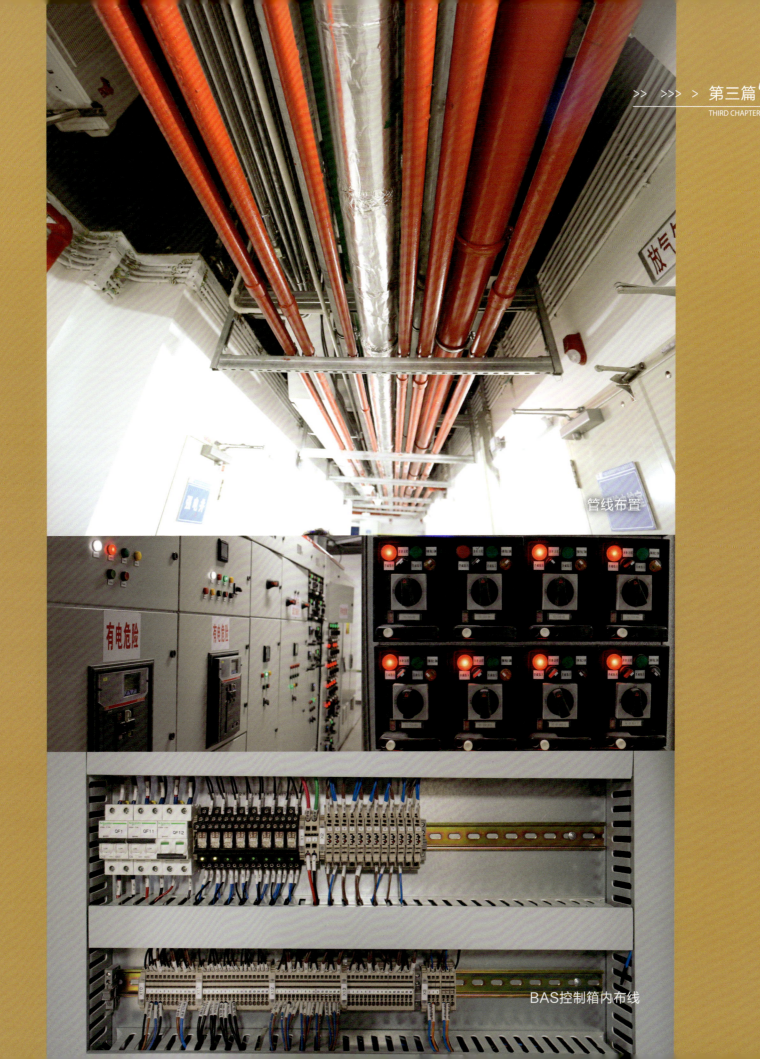

管线布置

BAS控制箱内布线

> > > 第四篇

攻坚克难

华强北的变迁

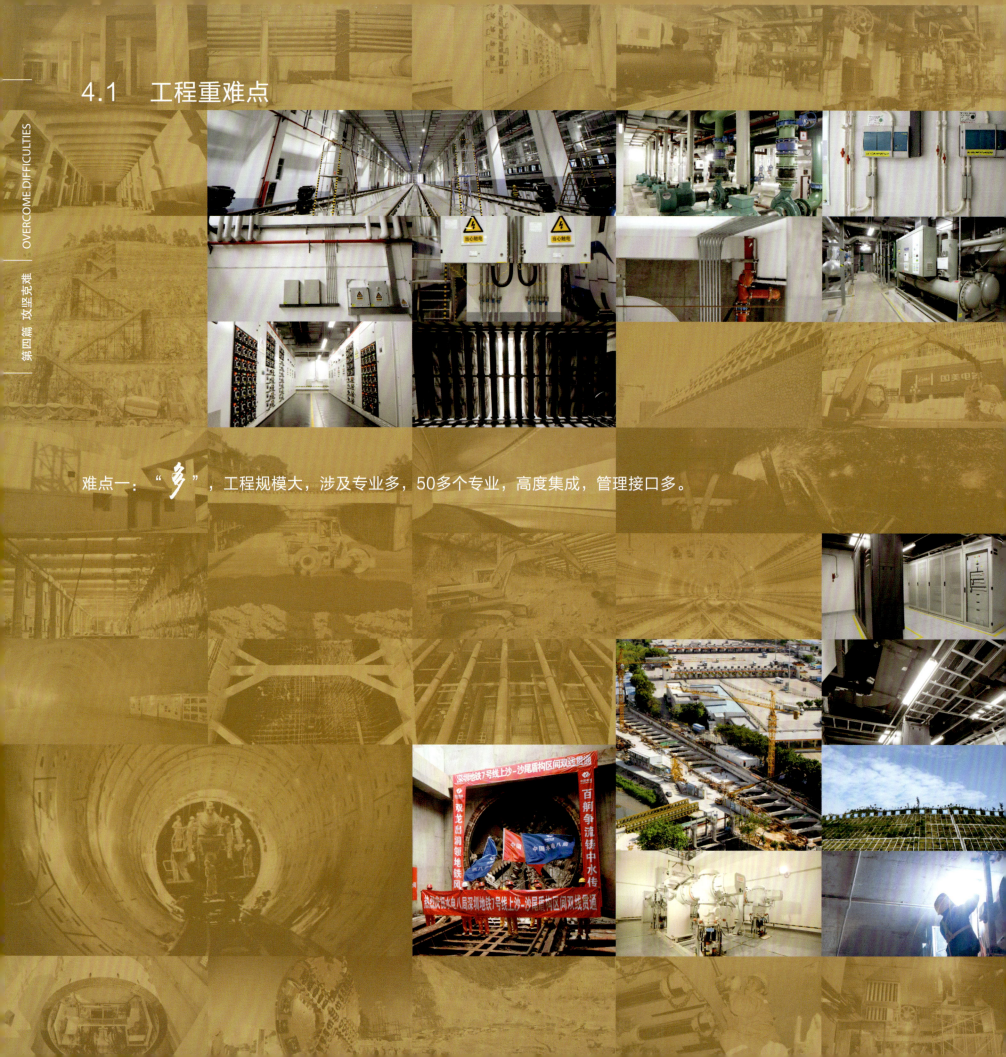

4.1 工程重难点

难点一:"多",工程规模大,涉及专业多,50多个专业,高度集成,管理接口多。

第四篇
FOURTH CHAPTER

难点二："密"，线路途经老城区及繁华商业区，各类建筑密集，老旧房屋多。

沙尾站

福民站

第四篇 FOURTH CHAPTER

笋岗站　　皇岗村站　　华强南站

难点三:"险",线路50余次下穿侧穿建筑物,9次下穿高速公路和快速路,8次下穿立交桥,5次下穿河流湖泊,4次下穿地铁运营线路,1次下穿罗湖火车站咽喉区,6次下穿侧穿超高压、高压燃气管道,施工风险大。

黄木岗站

第四篇
FOURTH CHAPTER

穿越河流、湖泊

穿越坚硬岩石区

下穿平南铁路

难点四："难"，地质条件复杂多变，淤泥、砂层、坚岩、断层、弧石，软硬更迭频繁，盾构掘进和矿山法隧道施工难度大。

超前劈裂注浆加固效果

盾构区间取芯样

第四篇 FOURTH CHAPTER

矿山法大小断面变换施工

中隔壁法施工

难点五："**高**"，线路途经现代化城市人口密集区，环保和文明施工要求高。

地铁施工与商业繁荣和谐共存的华强北

第四篇
FOURTH CHAPTER

龙井站施工全景

难点六："新"，工程广泛运用四新技术，应对新难题，创享新科技，取得了丰富的科研成果。

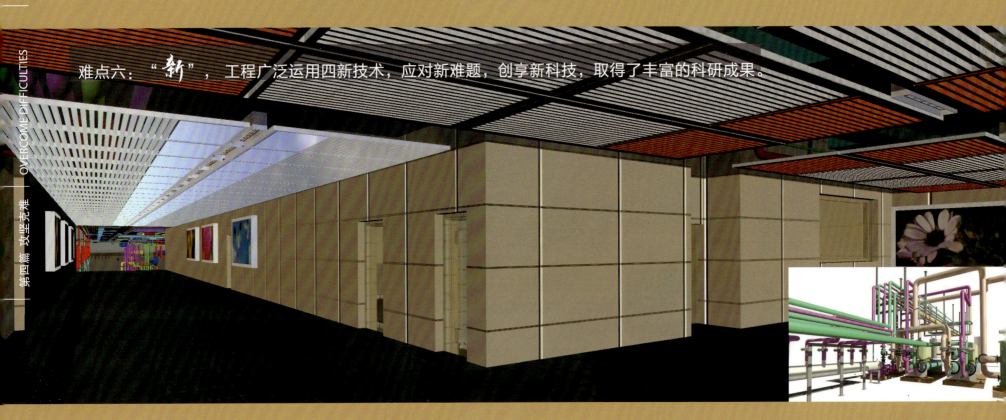

BIM技术

地下通道矩形顶管施工

第四篇
FOURTH CHAPTER

桩基托换技术

盾构机钢套筒接收技术

冷冻法施工

盾构叠线管片加固技术

其他难点：深云车辆段开山造地土石方量巨大，其中填方为20万m³，挖方为432万m³，是深圳乃至全国地铁建设史上开挖量之最，有"愚公移山"的气魄。所在区域原为废弃采石场，地铁建设化废为宝，将昔日的废弃采石场打造成深圳的一道靓丽风景线，故深云车辆段及NOCC也被美誉为"采石场里飞出的金凤凰"。

第四篇
FOURTH CHAPTER

4.2 安全、质量、文明施工

深圳市轨道交通工程暗挖隧道坍塌应急抢险演练

安全生产月活动

地铁施工安全事故预防讲座

站后工程启动仪式

工程质量专项治理两年行动现场专题会

模板清理

风管制作

深圳地铁7号线将绿色施工理念贯穿生产各个环节，真正做到"绝泥水、抑扬尘、压噪音、靓围挡、降能耗、不扰民"，较好地实现了地铁建设与周边环境的和谐共存。

创建安全文明标准化诚信工地

第四篇
FOURTH CHAPTER

定期保洁靓围挡

出站冲洗抑扬尘

穿衣戴帽压噪音

深云车辆段声屏障

4.3 车站

深圳地铁7号线全线设28座车站，均为地下站，其中换乘站12座。14座二层站、14座三层站，主要采用明挖顺筑法施工，部分车站采用盖挖逆筑法施工。车站平均站间距为1.09km，其中最小站间距仅580m。由于换乘站需充分考虑与已运营车站、同期施工车站及远期规划车站之间的换乘，条件非常复杂，施工难度较大。

上沙站混凝土支撑全景

第四篇
FOURTH CHAPTER

底板钢筋绑扎现场

车站主体结构

车站土方开挖

4.4 区间隧道

深圳地铁7号线包含42个盾构单线区间，区间全长达34096延米，部分区段采用矿山法施工，矿山法隧道总长度约16.8km。沿线地质条件复杂，地表建（构）筑物及地下管线众多，施工难度大、风险高、不可预测因素多。

盾构机吊装下井

第四篇
FOURTH CHAPTER

盾构机下井组装待发　　　　　　　　盾构管片吊装　　　　　　　　盾构掘进施工参数控制

盾构区间贯通　　　　　　　　　　　　　　　　　　　　　　盾构掘进远程监控中心

矿山法隧道二次衬砌钢筋绑扎

矿山法全断面法施工

双侧壁导坑法施工

二次衬砌

矿山法隧道单洞变双洞

4.5 轨道工程

深圳地铁7号线轨道工程共敷设轨道长度达69.72km（减震降噪措施地段铺设长度为21.820km，其中钢弹簧浮置板道床铺设长6.390km），出入场段线铺轨6.986km。为保证轨道铺设的平顺度和精准度，深圳地铁7号线采用了高铁轨道施工所用的CPⅢ测量技术，将地铁轨道铺设误差控制在1mm左右，大大提高了列车运行的安全性和舒适性。

第四篇 足迹
FOURTH CHAPTER

轨排运输

轨道精调

83

4.6 设备安装及装饰装修

区间支架电缆

第四篇
FOURTH CHAPTER

天花吊杆施工　　　　　　　　　　　　　　　　　　　　　　龙骨安装

风管安装　　　　　　　　　　　　　　　　　　　　　　　　法兰铆接

4.7 联调联试

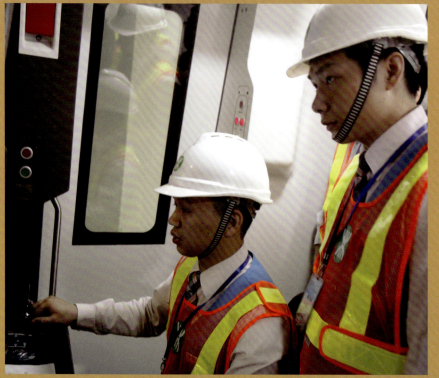

联调联试

深圳市轨道交通网络运营控制中心（NOCC）2号调度大厅

4.8 场段施工

安托山停车场北邻安托山,南接广深高速,东与深云路相伴,主体建筑呈狭长弧形向东西延伸,总长880m,最宽处约120m,总建筑面积达73774m²。安托山停车场集深圳地铁7号线地铁列车停放、洗车、检修及后期公园物业开发等功能于一体,可同时停放40列地铁列车,是深圳首座双层大型综合性地铁停车场。

建设前原貌

施工过程一

第四篇
FOURTH CHAPTER

施工过程二

建成后实景图

第四篇 攻坚克难 | OVERCOME DIFFICULTIES

模板拼装

第四篇
FOURTH CHAPTER

钢筋绑扎

4.9 验收与移交

三权移交仪式

消防验收

＞ ＞ ＞第五篇

5.1　共建联控

共建联控专项工作平台,由深圳市地铁集团有限公司联合中国电力建设股份有限公司等三大央企构建形成,并经共同努力,拓展至覆盖业主、施工、监理、设计等工程建设全链条的共建工作面,为携手推进"三方共管、三级协作"的党建共建模式,合力构建"不想违、不能违、不敢违"的廉建联控体系,营造和谐稳定的内外环境,打造百年廉洁工程奠定了坚实的基础。

深圳地铁三期工程"共建联控"专项工作签约仪式暨先进表彰大会

第五篇 FIFTH CHAPTER

联合开展登山活动

重宣入党誓词

向市民讲解"监督服务之窗"

"百万市民看华强北"活动

新春慰问演出

关爱农民工活动

送清凉活动

5.2　项目文化

春华秋实故事汇

青年联谊活动

送文化进地铁系列活动

成立青年突击队

拔河比赛

媒体探营活动

第五篇
FIFTH CHAPTER

文化地铁　　　　　　　　　便民爱心桥　　　　　　　　　青年志愿者活动

社区邻里节　　　　　　　　校企共建和谐地铁　　　　　　爱岗敬业·筑梦深圳

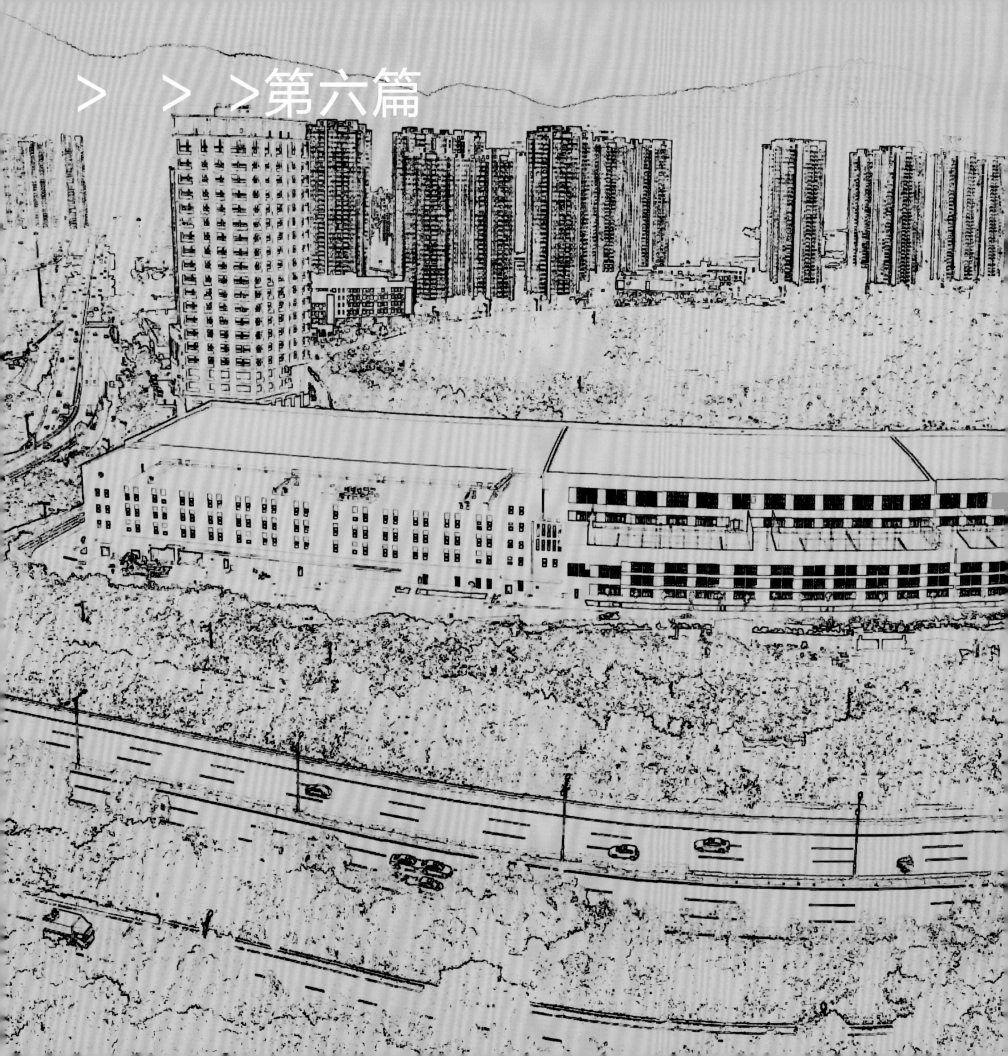

＞　＞　＞第六篇

6.1 车站成果展示

深圳地铁7号线车站装修设计整体以简洁、开放、标准化为主，地面采用灰麻花岗岩、墙柱面主要采用搪瓷钢板、天花以铝合金方通为主要材质，整体装饰装修风格以"中国梦——缤纷生活梦"为主题，着重结合站点周边区域的文化属性，以独特的车站艺术塑造手法展示各车站空间的独有气质。

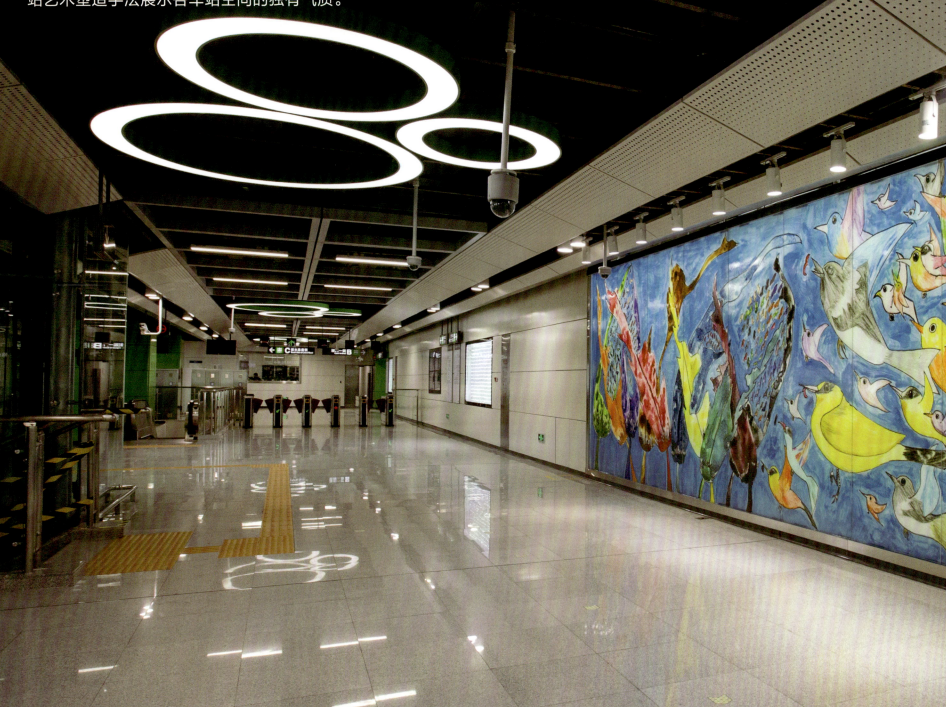

西丽湖站是深圳地铁7号线的起点站，位于深圳市南山区野生动物园南侧，为地下二层岛式车站，车站长度约为566m，是深圳地铁7号线最长的车站。

第六篇
SIXTH CHAPTER

107

茶光站整体装修风格以黄色为主色调。艺术墙《御龙醒狮》意在展现茶光地区悠久的历史文化，富含吉祥富贵的寓意。

龙井站采用代表"生态"的蓝绿叶形，展现车站与周边环境的和谐互融。艺术墙充分借助不锈钢的镜面效果，使周围环境的色彩图像融入画面中，与环境充分"互动"。

第六篇　足匠
SIXTH CHAPTER

桃源村站连接深圳最大的社区之———桃源村，为区域内数十万居民带来了更便利、更快捷、更有保障的地铁出行选择。通过提取桃花花瓣的特色，以灯具造型、渐变色彩及墙面花瓣图案点缀表达出车站周边特有的环境，展现"建地铁就是建城市"的地铁建设理念。

第六篇
SIXTH CHAPTER

安托山站是2、7号线换乘站,光洁的地面,简约的装修风格,是深圳地铁车站文化不断向前发展的方向。

第六篇 足迹
SIXTH CHAPTER

石厦站在建设过程中，攻克了史上最难换乘节点，是展示深圳地铁建设水平的重要站点。艺术墙《鱼悦游龙》，以三条大小不同、纹理各异的龙鱼，分别代表个人、家庭和家族，展现石厦人团结互助、乘风破浪的精神意志。

皇岗村站采用的是代表"居屋"的紫色方框，整体装修色调以紫色为主。艺术墙以抽象的表现手法展现深圳城市发展的速度与激情，蕴含人与自然亲密无间的寓意。

第六篇 足迹
SIXTH CHAPTER

FRUITFUL ACHIEVEMENTS | 第六篇 硕果累累

第六篇
SIXTH CHAPTER

福民站 位于深圳著名的水围村，代表"鱼"的黄色三角，很好地体现了深圳地铁与市民的鱼水之情。

皇岗口岸站是国内首个采用清水混凝土施工工艺的地铁车站。不加修饰的清水混凝土装修风格更具有自然质朴与厚重的质感，赋予了建筑物独特的个性，沉稳不张扬，彰显了追求完美的工匠精神。

第六篇 足迹
SIXTH CHAPTER

赤尾站 艺术作品通过选取站点周边一个角度，用24小时渐变式拍摄处理手法，直观呈现深圳一天的变化，让深圳记忆永久留存在地铁空间。

第六篇
SIXTH CHAPTER

《深圳制造》以开荒牛为背景,强调深圳的创新与开拓精神,将深圳制造物化展现,增强区域的自豪感与凝聚力。

第六篇
SIXTH CHAPTER

华强北站以连续的弧形和电子蓝贯穿空间,突出了华强北"中国电子第一街"的特色,表现出强烈的现代科技感,与深圳地铁7号线"科技之线"的美誉遥相呼应。

第六篇
SIXTH CHAPTER

华新站位于最繁华的华强北商圈，是区域内重要的换乘站点，其与深圳地铁3号线在此实现换乘，极大方便了四方游客的出行，是足不出站畅游"中国电子第一街"的北端头。

> 第六篇 足迹
> SIXTH CHAPTER

黄木岗站是深圳地铁7号线彰显"乘深圳地铁7号线快捷舒适"特色的重要站点之一,其设站位置毗邻深圳市第二人民医院,能有效解决市民看病停车难的问题。站内设置的艺术墙以写实性的手法反映一种社会现象,展示人与人之间的关系以及个体各自的梦想。

八卦岭站 位于深圳最早的大型工业区之一的八卦岭工业区，地铁的到来，将对带动八卦岭片区改造升级，实现产业转型再发展提供强大支撑。

第六篇 足迹
SIXTH CHAPTER

洪湖站在空间布设上取消了文化艺术墙，为了深度融入周边环境，带给乘客一个更延续的自然美，通过以生态有机的吊顶形式结合墙面绿色的彩釉玻璃及玻璃上的荷花图案，充分展示洪湖公园的荷花特色，体现自然之美。

第六篇 足迹
SIXTH CHAPTER

6.2 华强北商业步行街

华强北商业步行街正式开街

第六篇 足迹
SIXTH CHAPTER

华强北商业步行街游客休息区

与深圳地铁7号线同步建设的**华强北地下空间**项目，空间开发4.59万m²（纯商业面积4631.50m²），是目前深圳地铁在建和已建正线综合开发项目中与周边环境结合最为密切，同时也是近年来国内地铁建设带动城市整体更新升级的典型案例。

第六篇 足迹
SIXTH CHAPTER

整体地下商业空间低空区采用全密闭式线性吊顶,高空区采用格栅骨架结构,装修风格以峰峦过厅、溢彩回廊、时空隧道、烟云星空、踏浪长廊五大主题分区设计。

华强北地下空间

第六篇 足迹
SIXTH CHAPTER

华强北地下空间

6.3　常规设备及系统安装成果展示

冷水机房

第六篇 SIXTH CHAPTER

冷水机组

空调机组

143

环控电控室

第六篇 足迹
SIXTH CHAPTER

气瓶间

消防泵房

组合风阀与消声器

轴流式风机

屏蔽门

第六篇
SIXTH CHAPTER

公交连廊

垂直电梯

电扶梯

人防门

SVG变压器

深云站信号机房

综合监控机房

通信机房

主变电所主控制室

车控室

6.4　轨道成品展示

第六篇 匠
SIXTH CHAPTER

出入线隧道

盾构区间隧道

第六篇 足迹
SIXTH CHAPTER

试车线隧道

>> >>> > 第六篇
SIXTH CHAPTER

洞型变换

6.5 安托山停车场

第六篇
SIXTH CHAPTER

安托山停车场全景

安托山停车场轨道

第六篇 足迹
SIXTH CHAPTER

安托山停车场列车

6.6　深云车辆段及NOCC

第六篇 足迹
SIXTH CHAPTER

深云车辆段及NOCC全景

深云车辆段列车检修库

第六篇
SIXTH CHAPTER

深云车辆段咽喉区

6.7　列车

深圳地铁7号线列车采用6节编组A型铝合金车,设计时速80km。车身采用纯白色和蓝色线条相互搭配,外观设计大气典雅,清新的感觉让人眼前一亮。全车设计以环保节能、安全稳定、乘客体验等为主要元素,在安全运行的前提上,最大限度地挖掘环保节能潜能,保证乘客乘坐的舒适度和乘车体验的满意度。

7号线列车

>> >>> > 第六篇
SIXTH CHAPTER
>> > >>>

整洁的车厢

6.8 工程奖项

获得广东省房屋市政工程安全生产文明施工示范工地及

省AA级安全文明标准化工地称号6个

全线通过广东省优质结构工程评价

全线所有工点获得深圳市
优质结构工程奖

6.9 工程重大节点

深圳地铁7号线工程建设大事记

2012年08月15日	国家发改委批准深圳市轨道交通7号线可行性研究报告；
2012年10月23日	深圳地铁7号线开工；
2013年12月09日	深圳地铁7号线桃深区间首台盾构始发；
2014年03月21日	深圳地铁7号线珠光站、上沙站率先实现主体结构封顶；
2014年04月22日	深圳地铁7号线上沙区间率先实现首个盾构隧道贯通；
2015年04月01日	深圳地铁7号线轨道工程全面开工；
2015年12月18日	深圳地铁7号线实现全线轨通；
2015年12月29日	深圳地铁7号线实现全线电通；
2016年01月28日	深圳地铁7号线开始冷滑限界检查；
2016年03月22日	深圳地铁7号线深云车辆段接车；
2016年04月22日	深圳地铁7号线热滑试验；
2016年05月30日	深圳地铁7号线开始分批进行竣工验收；
2016年06月28日	深圳地铁7号线完成土建及安装装修工程竣工验收；
2016年07月06日	深圳地铁7号线完成轨道及系统设备工程竣工验收；
2016年07月28日	深圳地铁7号线开始进行"三权"移交；
2016年10月18日	深圳地铁7号线完成试运营基本条件评价；
2016年10月28日	深圳地铁7号线开通试运营。

2012年10月23日 深圳地铁7号线开工

2013年12月09日 首台盾构始发

2014年03月21日 上沙站、珠光站率先实现主体结构封顶

2014年04月22日 首个盾构隧道贯通

2015年04月01日 轨道工程开工

2016年03月22日 深云车辆段接车

第六篇 足迹
SIXTH CHAPTER

2016年04月22日 完成热滑试验

2016年06月30日 工程竣工验收

2016年07月28日 "三权移交"仪式

2016年09月09日 深圳地铁7号线试运营前安全评价报告通过专家评审

2016年10月 试运营基本条件评审会

2016年10月28日 开通试运营

＞ ＞ ＞第七篇

唱响"铁军战歌"

第七篇 足匠
SEVENTH CHAPTER

深圳地铁7号线建设功臣表彰

（一） 设计单位

序号	单位类别	单位名称
1	勘察设计总承包单位	中国铁路设计集团有限公司
2	勘察设计总承包合作单位	深圳市市政设计研究院有限公司
3	工点设计单位	中国铁路设计集团有限公司
4		上海市隧道工程轨道交通设计研究院
5		深圳市市政设计研究院有限公司
6		浙江省交通规划设计研究院
7		中铁工程设计咨询集团有限公司
8		中铁第五勘察设计院集团有限公司
9		北京城建设计研究总院有限责任公司
10		深圳供电规划设计院有限公司
11		中国人民解放军总参谋部工程兵第四设计研究院
12		深圳市利源水务设计咨询有限公司
13		中国华西工程设计建设有限公司
14	装修、导标设计单位	深圳市杰恩创意设计股份有限公司
15		深圳市美芝装饰设计工程股份有限公司
16		深圳市利德行投资建设顾问有限公司
17		深圳海外装饰工程有限公司
18		深圳市中世纵横设计有限公司
19	前期工程设计单位	深圳市城市规划设计研究院有限公司
20		深圳市楚电建设工程设计咨询有限公司
21		广东南方电信规划咨询设计院有限公司

（二） 监理单位

序号	单位类别	单位名称
1	监理管理单位	铁科院（北京）工程咨询有限公司
2	土建、装修及常规设备安装工程监理单位	深圳市中海建设监理有限公司
3		中铁二院（成都）咨询监理有限责任公司
4		中煤邯郸中原建设监理咨询有限责任公司
5		西安铁一院工程咨询监理有限责任公司
6		上海市建设工程监理有限公司
7		铁四院（湖北）工程监理咨询有限公司
8		铁科院（北京）工程咨询有限公司
9		北京中铁诚业工程建设监理有限公司
10	车辆及机电设备监理单位	深圳地铁工程咨询有限公司
11	电力监理单位	深圳市威彦达电力工程监理公司
12	燃气监理单位	深圳市燃气工程监理有限公司
13	全线测量监理、第三方监测单位	北京城建勘测设计研究院有限责任公司
14	系统设备监理单位	深圳地铁工程咨询有限公司

（三） 前期施工单位

序号	单位类别	单位名称
1	交通疏解单位	深圳市建安(集团)股份有限公司
2		深圳市市政工程总公司
3		深圳市路桥建设集团公司
4		厦门中联建设工程有限公司
5	给排水管线迁改单位	深圳市市政工程总公司
6		深圳市水务工程有限公司
7		深圳市建工集团股份有限公司
8		深圳市建筑工程股份有限公司
9		深圳市建安（集团）股份有限公司
10		广东省基础工程集团有限公司
11	电力管线迁改单位	深圳市龙供供电服务有限公司
12		深圳市南供供电服务有限公司
13		深圳市罗供供电服务有限公司
14	全线110kV及以上高压线路改迁及恢复	中国能源建设集团广东火电工程有限公司
15	通信管线迁改单位	深圳市电信工程有限公司
16		广东中人集团建设有限公司
17		广东省电信工程有限公司
18	燃气管线迁改单位	深圳市建安（集团）股份有限公司
19		中原油田建设集团公司

（四） 主体工程施工单位

深圳地铁7号线土建工程、常规及系统设备安装工程、装饰装修工程采用BT模式建设，由中国电力建设股份有限公司承建，中电建南方建设投资有限公司具体负责建设管理，BT标段划分如下：

序号	标段	承建单位	工程内容
1	7301-1标	中国水利水电第十三工程局有限公司	西茶区间-茶光站-茶珠区间-珠光站-珠龙区间-龙井站-龙桃区间（三站四区间 正线4.006km）
2	7301-2标	中国水利水电第十一工程局有限公司	西丽湖站-西西区间-西丽站（两站一区间 正线2.626km）
3	7302标	中国水利水电第七工程局有限公司	桃源村站-桃深区间-深云站-深安区间-安托山站（包含深云车辆段出入线、安托山停车场出入线及与2号线的联络线）-安农区间（三站三区间 正线5.371km）
4	7303标	中国水利水电第八工程局有限公司	车上区间-上沙站-上沙区间-沙尾站-沙石区间-石厦站-石皇区间（三站四区间 正线5.623km）
5	7304-1标	中国水利水电第四工程局有限公司	福皇区间-皇岗口岸站-皇福区间-福邻站（两站两区间 正线2.0018km）
6	7304-2标	中国水利水电第十四工程局有限公司	皇岗村站-皇福区间-福民站（两站一区间正线0.8692km）
7	7305标	中国水利水电第四工程局有限公司	福赤区间-赤尾站-赤华区间-华强南站-华华区间-华强北-华华区间-华新站-华黄区间（四站五区间正线3.241km）
8	7306标	中国水利水电第十四工程局有限公司	黄木岗站-黄八区间-八卦岭站-八红区间-红岭北站（9号线代建）-红笋区间-笋岗站-笋洪区间-洪湖站-洪田区间-田贝站（五站五区间 正线5.972km）
9	7307-1标	中国水利水电第十一工程局有限公司	深云车辆段（土石方及附属、隧道）主体工程及安装工程
10	7307-2标	中电建建筑集团有限公司	深云车辆段（咽喉区1~5区）、NOCC、地铁文体公园
11	7308-1标	中国水利水电第八工程局有限公司	安托山停车场主体工程及安装工程

续上表

序号	标段		承建单位	工程内容
12	7308-2标		中国水利水电第一工程局有限公司	安托山停车场（土石方及附属）
13	7309-1标		中国水利水电第十四工程局有限公司	体育北主变电站主体工程
14	7309-2标		湖北省电力建设第二工程公司	体育北主变电站安装工程
15	轨道工程	7310标	中铁上海局集团有限公司	西丽湖站-车公庙站（含）以及前海四股道的轨道施工
16		7311标	中铁五局集团有限公司	车公庙站（不含）-太安站的轨道施工
17	7312-1标		中国铁路通信信号股份有限公司	正线、车辆段、停车场、NOCC试车线通信信号设备安装工程
18	7312-2标		中铁十一局集团有限公司	正线、车辆段、停车场、NOCC供电接触网设备安装工程
19	7312-3标		中铁二局集团有限公司	正线、车辆段、停车场、NOCC综合监控系统设备安装（含ISCS、BAS、PIS、ISDS、车场智能化）
20	7312-4标		上海电力建设有限责任公司	正线、车辆段、停车场、消防系统设备安装（含FAS、感温光纤、电气火灾、气体消防）
21	7501标		中国水利水电第十三工程局有限公司	西丽湖站-西西区间-西丽站、西茶区间-茶光站-茶珠区间-珠光站-珠龙区间-龙井站-龙桃区间（五站五区间）
22	7502标		中国水利水电第七工程局有限公司	桃源村站-桃深区间-深云站-深安区间-安托山站-安农区间（三站三区间）
23	7503标		中国水利水电第八工程局有限公司	车上区间-上沙站-上沙区间-沙尾站-沙石区间-石厦站-石皇区间（三站四区间）
24	7504标		中国水利水电第四工程局有限公司	福皇区间-皇岗口岸站-皇福区间-福邻站、皇岗村站-皇福区间-福民站（四站三区间）
25	7505标		中国水利水电第四工程局有限公司	福赤区间-赤尾站-赤华区间-华强南站-华华区间-华强北站-华华区间-华新站-华黄区间（四站五区间）
26	7506标		中国水利水电第十四工程局有限公司	黄木岗站-黄八区间-八卦岭站-八红区间-红岭北站（9号线代建）-红笋区间-笋岗站-笋洪区间-洪湖站-洪田区间-田贝站、太安站（五站六区间）
27	其他		中国水电基础局有限公司	福民站、皇岗村站、黄木岗站、华强北站围护结构

（五） 其他参建单位

序号	单位类别	单位名称
1	车辆	中车长春轨道客车股份有限公司
2	通信系统	东软集团股份有限公司
3	无线系统	深圳市海能达技术服务有限公司
4	安防系统	深圳达实智能股份有限公司
5	信号系统	北京交控科技有限公司
6	警用通信系统	珠海汉胜科技股份有限公司
7	乘客资讯系统	中信国安信息科技有限公司
8	综合监控系统及MCC	深圳达实智能股份有限公司
9	自动售检票（AFC）系统	高新现代智能系统股份有限公司
10	屏蔽门系统	重庆川仪自动化股份有限公司
10	文体公园屏蔽门	深圳市方大自动化系统有限公司
11	电梯	上海三菱电梯有限公司
12	电扶梯	蒂森电梯有限公司、广州奥的斯电梯有限公司

组织委员会

主　任：林茂德
副主任：肖　民　孙静亮　李笑竹　简　炼　谢友松
　　　　张　泓　黄力平　陈湘生　刘　文　陈贤军
　　　　蒋群峰　刘卡丁　褚技威　范富国　朱瑞喜
　　　　王　成　任立志　孙成山　宋俊伟　丁　锐
　　　　胡德华　郭建光　崔学中
委　员：李全清　胡晖辉　黎忠文　吴明辉　张中安
　　　　钱秀武　苑立武　龙宏德　孙　波　雷江松
　　　　彭　义　胡　鹰　朱浩波　张　俊　姜立公
　　　　李振涛　张恒庆　佘国生　梁兴朴　刘仕亲
　　　　李金武

编写委员会

主　编：黄力平
副主编：雷江松　王　成
编　委：李湘枫　娄永录　王新线　赵雪峰　宋天田
　　　　郭建光　姜立公　吴劲伟

编写单位：深圳市地铁集团有限公司
　　　　　中电建南方建设投资有限公司